بِسْمِ اللهِ الرَّحْمٰنِ الرَّحِيْمِ

Во имя Аллаха, Милостивого, Милосердного

Эта книга — особый подарок
особенному ребёнку от Аллаха.

Пусть она приблизит тебя к Его любви, милости и свету

© 2025 The Sincere Seeker Collection
Все права защищены.

Разрешается использовать эту книгу в образовательных или некоммерческих целях,
при условии, что в её текст, иллюстрации или дизайн не вносятся изменения.

# Познание Аллаха и Любовь к Нему

Знакомство с Аллахом для детей всех вероисповеданий

The Sincere Seeker Collection

Аллах ﷻ един и неповторим.
Он наш добрый Создатель, который создал
тебя, меня и всё, что мы видим.

Каждый день Аллах ﷻ заботится о нас —
даёт вкусную еду, уютные кровати и
защищает нас.

Аллах ﷻ превыше всего и всегда с любовью
смотрит на нас.

Аллах ﷻ создал огромные планеты и совсем маленькие тоже.

Он сделал Землю нашим прекрасным домом.

Ночью звёзды мерцают, освещая небо.
Аллах ﷻ создал вселенную, чтобы мы смотрели на неё с восхищением.

Аллах ﷻ создал полную луну,
чтобы она светила ночью.

Он создаёт мягкие облака,
которые нежно плывут над нами.

Он посылает дождь,
чтобы растения росли и земля очищалась.

Он посылает ветры со всех сторон и тепло
солнца, чтобы всё цвело.

Аллах ﷻ создал холодную и тёплую воду.

Он создал текущие реки,
большие океаны с волнами и глубокие моря,
где прячутся удивительные существа.

Он заставляет волны подниматься и опадать
— иногда мягко, иногда сильно.

Аллах ﷻ создал высокие горы,
достигающие неба.

Он создал маленькие снежные холмы,
которые сверкают на солнце.

Каждая гора показывает Его силу и красоту.

Аллах ﷻ создал банановые и апельсиновые деревья со вкусными плодами.

Он наполнил мир яркими цветами и сладкими ароматами.

Некоторые цветут в садах, другие растут дикими на полях.

Каждый цветок — особый дар от Аллаха ﷻ, чтобы приносить нам радость.

Аллах ﷻ дал нам семьи, чтобы мы любили и заботились друг о друге.

Родители защищают нас, а любящие братья и сёстры играют с нами и делятся.

Семья — особый дар от Аллаха ﷻ.

Аллах ﷻ создал больших животных.

Таких как слоны с длинными хоботами,
медведи с мягким пушистым мехом,
зелёные аллигаторы с острыми зубами
и гигантские киты,
плавающие глубоко в море.

Аллах ﷻ создал и маленьких животных.
Таких как крошечная божья коровка и
жужжащий шмель.

Он создал муравьёв, кузнечиков и бабочек,
порхающих на ветру,
а также стрекоз, быстро летающих в воздухе.

Каждое показывает удивительную силу
творения Аллаха ﷻ!

Аллах ﷻ даёт нам здоровую пищу и напитки, чтобы мы росли сильными.

У нас есть свежий хлеб, сладкий виноград, сочные яблоки и золотой мёд.

И жёлтый сыр, нежное молоко и сочная курица!

Каждый кусочек и глоток — благословение от Аллаха ﷻ.

Спасибо, Аллах ﷻ, за всю вкусную еду!

Аллах ﷻ даровал нам жизнь и множество других благословений!

Уютный дом и машину для весёлых поездок.

Две руки для строительства, два глаза для зрения, два уха для слуха,
и сердца, бьющиеся от любви.

Спасибо, Аллах ﷻ, за все эти чудесные дары!

Аллах ﷻ видит и слышит всё, даже наши самые тихие мысли.

Он знает, что в наших сердцах,
и всё, что мы чувствуем внутри.

Он замечает наши счастливые мысли и добрые дела.

Аллах ﷻ всегда смотрит на нас с заботой и любовью.

Аллах ﷻ любит нас больше,
чем мы можем представить!

Его любовь глубже океана, ярче солнца.

Он заботится о нас, когда мы смеёмся или
плачем, играем или молимся.

Давайте покажем любовь, поминая Аллаха
ﷻ, молясь Ему и творя добро!

Всё добро приходит от Аллаха ﷻ.
Он — Свет небес и земли.

Аллах ﷻ ведёт нас Своим светом,
помогая сердцам выбирать правильное.

Когда мы делаем добро,
наши сердца тоже сияют ярко.

Мы молимся Аллаху ﷻ, потому что Он создал нас и очень сильно любит нас.

Мы тоже любим Его.

Когда просим помощи, Аллах ﷻ слышит и отвечает наилучшим образом.

Мы можем говорить с Ним всегда —
в радости и в печали.

Аллах ﷻ всегда рядом и слушает.

Аллах ﷻ обещает Рай тем, кто верит в Него и
творит добро —
место радости, где сбываются желания.

Там текут реки сладкого мёда и молока.
Сады цветут цветами, что не вянут никогда.

Там вкусные фрукты, красивая одежда и
бесконечное счастье.

Давайте любить Аллаха ﷻ,
творить добро и стараться изо всех сил —
чтобы однажды быть с Ним в Раю!

# Конец

Пусть это путешествие приблизит тебя
к бесконечной любви и мудрости Аллаха.

www.ingramcontent.com/pod-product-compliance
Lightning Source LLC
Chambersburg PA
CBHW080525030726
47592CB00012B/3477